こんな時どうする？

子ども防災 BOOK

親子でできる「準備」と
「備え」がまるわかり！

JN058951

主婦と生活社

はじめに

私たちが暮らす日本は、四季折々の美しい自然にめぐまれている一方で、自然のおそろしい力を感じることの多い国でもあります。

中でも、地しんはいつどこで起こるかわからず、起こったら大きなひ害を受ける可能性のある災害です。

だからこそ、今すぐ正しい知識と情報を身につけて、いざという時に生かせるようにしてほしいと思います。

もしも、あなたがひとりでいるときに地しんが起こったら？

もしも出かけた先で地しんにあったら？

どうかその時に、この本で学んだことを生かして行動してくださいね。

この本の見方 🔍

ページの左上に書いてあるテーマごとに、解説しているよ。

大まかなポイントと、その説明が書いてあるよ。

地しんの後はどうする？

自分の家

家にいる時、外にいる時……。地しんの後はどうしたらいいかな？ 覚えておくと、いざという時に安心だよ。

1 自分のことを確認しよう

ケガをしていないか
全身をチェック。もしケガをしていたら、大人にすぐに伝えられるようにしよう。

閉じこめられていないか
出口のない場所にいたら、笛やブザーの音の出るものをたたいたりして知らせよう。

2 足元を守ろう

落ちてきたものや割れた窓ガラスなどでケガをしないよう、スリッパやくつをはいて動こう。足が守れるよ

こちら災害対策課 ✕
できるだけはきなれたくつを、わかりやすい場所に置いておこう。新品だとくつずれしたり、古いくつだとはいたら壊れたりすることも。
(2018年7月3日)

こんなときは すぐにげよう！
自ど乗り危険がせまっていると感じたら、よりも命を守ることが大切。ひ難が最優先！

火が出た・火災報知器が鳴った
過去の地しんでは、あちこちで大事が発生したことも。(14〜15ページ)

つ波や土砂災害の警報が鳴った
つ波や地すべりなどの土砂災害は、短い時間で発生するよ。(50ページ)

---

3 家族の様子を確認する

家族といっしょの時
家族がケガをしていたり、閉じこめられたりしていないか声をかけあおう。

家族と別々にいる時
災害用伝言ダイヤル（24ページ）などで家族の無事の確認ができるようにしよう。

4 周囲の様子を確認し、どうなっているか把握

出口を確保する
ドアや窓を開けて、いつでもひ難できるようにしよう。建物がゆがんで開かなくなるかもしれない！

何が起こったか知る
地しんについての情報を確認しよう。テレビやラジオで、ひ難が必要かなどの判断も！

こちら災害対策課 ✕
災害が起こって世の中が混乱すると、SNSなどでデマ（いいかげんなうわさ）が流れることも。テレビやラジオなどで正しい情報を得よう。
(2014年12月24日)

災害情報

⚠ 子どもだけでやるのは危険！

ひとりで消火をしない
火やガスの始末は大人に任せよう。もし火災が発生していたら、「火事だよ！」などときいて、近くの大人に知らせて。

ひとりで家具を助けようとしない
大きな柱や家具を、ひとりで動かそうとするのはあぶないよ。近所の大人などに必ず声をかけて、協力してもらおう。

44　　45

このマークがついているところは、警視庁警備部災害対策課のXから、役立つ情報をしょうかいしているよ。

特に大事なことが書いてあるよ。よく確認しておこう。

72ページに、ダウンロードして使える防災シート、本の最後に、折りたたんで食器を作れる防災メモが付いているよ。

あわせてチェックしてね！

もくじ

「そなえる家」の人たち

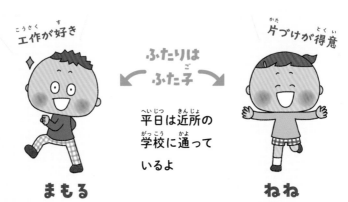

こうさく
工作が好き

かた
片づけが得意

ふたりは
ふた子

へいじつ　きんじょ
平日は近所の
がっこう　かよ
学校に通って
いるよ

まもる

げんき　あか　おとこ こ　とき
いつも元気で明るい男の子。時
どきおっちょこちょいだけど、そな
け
える家のムードメーカー。

ねね

もの　おんな こ
しっかり者の女の子。すこしこわ
あたら　しら
がりだけど、新しいことを調べる
す
のが好き。

お父さん とう

でんしゃ　　　ぷん　　　かいしゃ つと
電車で30分ほどかかる会社に勤
とう　　あさはや　　よる
めているお父さん。朝早くから夜
はたら
おそくまで働いているよ。

お母さん かあ

へいじつ　ひるま　　　　　　　　　はたら
平日の昼間に、パートタイムで働
かあ　　りょうり　す
くお母さん。料理は好きだけど、
せいりせい　　　　　　にがて
整理整とんはちょっと苦手。

この本に登場するピクトグラム一覧

非常口

ひ難場所

ひ難所

災害時帰宅支えん
ステーション

ひ難口誘導灯

通路誘導灯

つ波注意

つ波ひ難場所

つ波ひ難ビル

土石流に関する情報

がけくずれや地すべりに関する情報

土石流が発生するおそれが
ある地域

がけ崩れや地すべりが発生する
おそれがある地域

9

1章

地しんについて知ろう

地しんはなぜこわいの？
そもそも、どうして地しんは起こるの？
あなたは答えられるかな？
まずは地しんについて正しく知って、
防災への意識を高めよう。

地しんが起こる仕組み

地しんが起こる原因は、大きく分けて2つあるよ。それぞれの仕組みを知っておこう。

地しんが起こるのは プレートが動くから

地球の表面には、「プレート」と呼ばれる固い岩石がいくつもあるよ。プレートには、陸のプレート、海のプレートの2種類があって、海のプレートは年間数センチずつ広がっているんだよ。このプレートが動くことで、地しんが起こるんだ。

プレートの動きは一定だから、定期的に地しんが起こるんだよ。

原因 1 プレートのひずみが元にもどろうとする

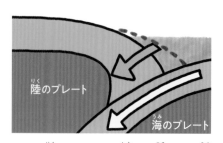

1 陸のプレートの下に、広がった海のプレートがしずみこむ。陸のプレートが下に引っ張られて、ひずみ（引っ張った方向にのびる）が大きくなる。

2 陸のプレートが元にもどろうとはね返って地しんが起こる。そのしょうげきで、つ波が発生することも。

原因2 陸のプレートの弱い部分がずれる

プレートが動くことでひずみがたまっていく。ひずみが限界に達すると、弱い部分がずれて地しんが発生する。

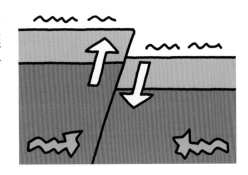

？ どうして？ 地しんのギモン

Q1 なぜ日本には地しんが多いの？

地しんはプレートの境目に集中して起こるよ。日本にはプレートが4枚も集まっているから、地しん活動が活発なんだ。世界で起こるマグニチュード6以上の地しんの2割近くが、日本で発生しているんだよ。

Q2 マグニチュードとしん度はどうちがうの？

マグニチュード

地しんそのものの大きさ（規模）を表すよ。

しん度

ある場所での、地しんのゆれの強さを表すよ。

だから、場所によってしん度がちがうんだね。

過去に起こった地しんを知ろう

地しん大国・日本では、この30年間を振り返っただけでもたくさんの大きな地しんがあったよ。その中のいくつかを見てみよう。

日本中で
地しんが起こって
いるんだね

令和6年能登半島地しん

発生した日 ▶ 2024年1月1日
しん源地 ▶ 石川県能登地方

どんな地しんだった？ ▶
❗ 羽咋郡志賀町や輪島市でしん度7を記録。
❗ 海の近くでは、つ波も観測されたよ。
❗ 水道が使えなくなったり、電気が止まったりと、生活が不便な状きょうになった。

阪神・あわ路大しん災
(平成7年兵庫県南部地しん)

発生した日 ▶ 1995年1月17日
しん源地 ▶ 兵庫県南部

どんな地しんだった？ ▶

東日本大しん災

（平成23年東北地方太平洋沖地しん）

発生した日 ▶ 2011年3月11日

しん源地 ▶ 三陸沖

どんな地しんだった？ ▶

❗ 宮城県栗原市でしん度7を記録。

❗ マグニチュード9と、日本での観測史上最大の規模だったよ。

❗ 太平洋側の海沿いを巨大なつ波がおそった。

❗ 茨城県や千葉県など関東地方でも、液状化現象（55ページ）が発生したよ。

これ以外にも、

あちこちでたくさんの

地しんが起こっているよ

❗ 神戸市などの一部でしん度7を記録。

❗ 亡くなった人の8割は、家がこわれたり、家具がたおれたことによる圧ぱく死だった。

❗ 地しんのすぐ後に、火災がたくさん起こったよ。通電火災（49ページ）も発生したといわれているよ。

これから起こるかもしれない地しんとは？

日本に住むかぎり、これから先も大きな地しんが起こるのはさけられないといわれているよ。

たとえば

首都直下地しん

発生確率▶30年以内に70%

どんな地しん？▶

❗ 南関東地域のどこかをしん源とし、最大しん度が7となる地域があると予想されている。

❗ 火災によって亡くなる人も多いのではと心配されている。

南海トラフ巨大地しん

発生確率▶30年以内に70〜80%

どんな地しん？▶

❗ マグニチュード8〜9の地しんが予想されている。

❗ 静岡県から宮崎県にかけての一部でしん度7になる可能性が高いと予想。

❗ 太平洋側の海沿いに大きなつ波がおそってくるのではと心配されている。

いつ来るかはわからないけれど
大きな地しんは必ず来ると考えて
備えないといけないね！

地しんが起こる前にすること

地しんがいつ起こるかわからないからこそ、
備えておくことが大事だよ。
あなたや家族がしておくといいことは何だろう?
今すぐできることから始めよう!

日ごろから意識しよう

地しんが起こる前にできることは何だろう？　小さなことだけど、ふだんからひとつひとつ心がけておくことが大切だよ。

考え方編

「いつ起こってもおかしくない」と考えよう

「いつ地しんが起こるかわからないから知らんぷり」は×。「起こるかも」と思って今すぐできることから始めよう。

すばやく行動すると決めておく

「今まで大じょう夫だったから」と油断せず、危険な時はすぐに"行動する"と前もって意識しておこう。

こちら災害対策課 X

警視庁

人は都合の悪いことや危険を無視しがちな心理になりやすい。「安全にひ難できるうちににげる」という考え方を忘れずに！

（2020年10月26日）

ひ難訓練できちんと練習しておけば、心の準備ができるね。

ひ難訓練は真けんに参加する

学校や住んでいる地域で行われるひ難訓練に、まじめに取り組もう。いざという時に役に立つよ。

行動編

いつもハンカチを持ち歩く

いざという時にマスクや包帯のかわりになるなど、大活やくのハンカチ。忘れずにポケットへ。

警視庁災害 ひ難中に歯ブラシがないとき、ハンカチを指に巻いて使うこともできるよ！

（2018年9月28日）

このくらいなら、
明日からでもできそうだね！

トイレをがまんしない

地しんが発生した後は、トイレを使うのが難しいことも。できるだけこまめにトイレを済ませておこう。

非常口を確認する

出かけた先では、下のマークの「非常口」※（非常事態に備えて設置された出口のこと）の場所を確かめておこう。

ここだな…

非常口

※7ページでマークのカラー画像をしょうかいしているよ。

家族で確認しておこう

住んでいる場所の危険やひ難先を調べよう

地しん

ハザードマップを確認しよう

住んでいる場所で自然災害が起こった時、ひ害がありそうなエリアや、ひ難する場所などの情報が書かれた地図が「ハザードマップ」。役所の窓口でもらったり、ウェブサイトで調べたりできるよ。家の近くにはどんな危険があるのか、家族で確認しながら話し合おう。

こちら災害対策課 X

警視庁 災害

地しんやつ波、土砂災害など、どんな災害が予想されるかは地域によって異なるよ。住んでいる場所のハザードマップは、全ての種類を確認しよう。

（2021年4月8日）

ハザードマップポータルサイトで調べてみよう

国土交通省のハザードマップポータルサイト（https://disaportal.gsi.go.jp/）を見てみよう。あなたの住む地域のハザードマップが探せるよ。

ひ難する場所を知っておこう

地しんが起こって家にいられなくなったり、家へ帰ると中だったら、どこへにげる？ひ難場所が遠ければ、開けた安全な場所を家族の集合場所にしてもいいね。

家族が別々にいたらどこにひ難するのか、集合場所も話し合っておこうね。

つ波

土砂災害

土砂災害
ハザードマップ

ひ難場所ってなあに？

災害が起こった時に、身を守るために急いでにげる場所。学校の校庭や大きな公園、広場などの広いスペースが指定されているよ。他にも、近所の人たちが一時的に集まる「一時集合場所」や、たくさんの人がひ難できる「広域ひ難場所」などがあるよ。

☆くわしい場所などは、住んでいる自治体の防災マニュアルやウェブサイトで確認しよう。

指定緊急避難場所
Evacuation Area

水害
Flood disaster
수해
Desastre de inundação
Pinasla sa baha

地震
Earthquake
지진
Um terremoto
Isang lindol

背景は白
マークの色は緑

ひ難場所を表す
標識の一例です。

🔍 「ひ難所」も知っておこう

「ひ難所」※は災害のために家で過ごすことが難しい時に、しばらくの間、ひ難生活を送る場所。59ページからも登場するよ。

背景は緑

マークの
色は白

※7ページでマークのカラー画像をしょうかいしているよ。

ひ難する道を調べよう

実際に歩いて確認しよう

地域のひ難場所やひ難所がどこにあるか調べたら、家族で実際に歩いてみよう。ただ場所を知っているだけだと、いざという時にたどり着けないかもしれないよ。

家

安全なひ難ルートを見つけよう

家からひ難する場所へ行く道に、危険なところはないかな？「このブロックべいがたおれたら危ないし、通れなくなるから、ちがう道にしよう」といった注意ポイントを地図に書いておこうね。

こちら災害対策課 X

警視庁災害

休日に、親子で通学路を歩いてみては？ ひ難場所になっている公園や、もしもはぐれたときの集合場所を親子で確認しておくと安心だね。
（2018年10月2日）

気をつけよう！ 注意ポイント

- ブロックべいや自動はん売機などはたおれるかも。
- 看板や割れたガラスが落ちてくるかも。
- 古いビルや木造の家は、くずれるかも。　など

他にもいろいろな危険を探してみよう。

ただ短いきょりで行ける道を探すのではなく、安全に進める道かどうかをチェックしようね。

災害時に役立つ場所を見つけておこう

もしもの時に水をもらえたり、連らくできたりする設備が町に用意されているよ。いざという時にたよれる場所を確認しておこう。

行く道をチェック！

ひ難場所など

災害時帰宅支えんステーション

帰宅困難者（48ページ）を助けるために、水道水やトイレ、道路がどうなっているかの情報を教えてくれるところだよ。コンビニエンスストアやレストランなど、自治体と協定を結んだお店が行うんだ。

対象のお店には、このステッカー※がはってあるよ。

公衆電話

公衆電話は、災害が起こった時にふつうの電話よりもつながりやすいし、通話料が無料になることもあるよ。置かれている場所を確認して、使い方を練習しておこう。

メモメモ…

見つけておきたい 安心ポイント

- ひ難場所やひ難所
- コンビニエンスストアや飲食店
- 公衆電話
- にげこめそうな、新しくてがんじょうな建物
- つ波からひ難できる高台　など

他にもいろいろな安心対策を探してみよう。

※7ページでマークのカラー画像をしょうかいしているよ。

23

連（れん）らくの取（と）り方（かた）を知（し）ろう

① 災害用伝言（さいがいようでんごん）ダイヤル

ひ災地（さいち）への通信（つうしん）がつながりにくくなると、提供（ていきょう）されるのが「災害用伝言（さいがいようでん）ダイヤル」。いざという時（とき）のために、使（つか）い方（かた）を覚（おぼ）えておこうね。

災害用伝言（さいがいようでんごん）ダイヤルの使（つか）い方（かた）

171（いない）を入力（にゅうりょく）する

メッセージを録音（ろくおん）したい **1** をおす　　無事（ぶじ）を確認（かくにん）したい相手（あいて）の メッセージを再生（さいせい）したい **2** をおす

自分（じぶん）の電話番号（でんわばんごう）　　相手（あいて）の電話番号（でんわばんごう）
（市外局番（しがいきょくばん）からすべて）を入力（にゅうりょく）する
×××-×××-××××

メッセージを録音（ろくおん）する　　メッセージが再生（さいせい）される

録音（ろくおん）できるのは30秒（びょう）まで。何（なに）を伝（つた）えるか、電話（でんわ）をかける前（まえ）に考（かんが）えておこう。

① 自分（じぶん）の名前（なまえ）（まもるだよ。）
② 今（いま）いる場所（ばしょ）（今（いま）、ひ難所（なんじょ）の〇〇小学校（しょうがっこう）にいるよ。）
③ だれといっしょにいるか
　（妹（いもうと）のねねもいっしょにひ難（なん）しているよ。）
④ 無事（ぶじ）かどうか（ふたりとも無事（ぶじ）だよ。）
⑤ このあと移動（いどう）するかどうか
　（この次（つぎ）は、〇〇に移動（いどう）するよ、ずっとここにいるよ。）

❷ SNS を利用する

スマートフォンやけい帯電話を使って、SNSやメッセージアプリで連らくする方法もあるよ。日ごろから家族でグループを作っておくと便利だね。

❸ 三角連らく法

はなれた場所に住む親せきや知人の家を連らく先に決めて、災害時はおたがいにそこに電話し、伝言してもらうことで無事を確認したり、連らくを取ったりする方法だよ。

つながりやすい　つながりやすい
つながりにくい

✏️ 大事なことは

☆**どの方法で連らくを取るか、家族で決めておく**
いざという時に迷わないように、連らくを取る方法をいくつか決めて、家族でわかるようにしておこう。

☆**連らく先をメモしておこう**
スマートフォンのじゅう電が切れて、家族の連らく先がわからなくなるということがないよう、連らく先は紙にも記録しておこう。

こちら災害対策課X

警視庁遊書

メモだとなくしてしまいそうだと心配なら、市販のボタンで留めるタグを利用してみては？　タグに連らく先を書いて、服に取り付けるだけ！

（2023年11月21日）

市販のタグに連らく先を書いて

服のループなどに取り付ける

部屋の安全対策をしよう

ねむっているときに地しんがくるかも。あなたの部屋は身を守りやすい場所になっているかな？ 置くものや置き場所を見直してみよう。

1 背の低い家具を選ぶ

できるだけ背の低い家具を選ぶと、たおれてきてもにげやすいよ。

重いものは下の段に置こう。

2 机の上は整理整とん

出しっぱなしにすると、ものが飛んでくることも。片づけてからねむろう。

3 机の下にものをおかない

ゆれを感じたらすぐにげこめるように、スペースを空けておこう。

章

4 ベッドのそばに置いておこう

● **非常用持ち出しぶくろ**
すぐに取り出せるようにしておこう。入れておくといいものは、28ページを見てね。

● **くつ・スリッパ**
ガラスが割れたりものが落ちたりしたら、ゆかをはだしで歩くのは危ないよ。歩きやすいものを用意しておこう。

こちら災害対策課 X
さいがいたいさくか エックス

警視庁災害
足のけがは、その後のひ難に大きくかかわるよ。はきやすいくつやスリッパを準備して。
（2018年8月13日）

5 かざるなら割れないものを

時計や雑貨などは、割れない素材を選ぼう。
○ 紙、布、シリコンなど　✕ ガラス、木など

ゆかは散らかしたままにしない！

6 ドアの周りは空けておく

出入り口をふさがないようにしよう。

非常用持ち出しぶくろを用意しよう

ひ難するときに必要なものを、あらかじめまとめておこう。下の表を見ながら、お家の人と相談して、何が必要か考えてみて。

入れるといいのはこんなもの

準備したら□に✔を入れよう。また、他に必要なものがないか考えて、書きこもう。

- □ 飲み水
- □ 食べ物
- □ お金
- □ けいたいラジオ
- □ かい中電とう
- □ ホイッスル
- □ 筆記用具
- □ 電池
- □ 服

- □ 下着
- □ タオル
- □ ウエットティッシュ
- □ ティッシュペーパー
- □ アルミブランケット
- □ マスク
- □ 歯ブラシ
- □ 救急セット
  （薬、包帯、ばんそうこうなど）

その他

- □
- □
- □
- □

- □
- □
- □
- □

準備の
ポイント

1 背負えるか確認しよう

両手の空くリュックや防災ベストがおすすめ。いざというときに背負ってひ難できる重さか、確かめて。

重いもの
（飲み水など）

軽いもの
（服やタオルなど）

こちら災害対策課 X

重いものを上に、軽いものを下に入れよう。運ぶときにラクに感じるよ。
（2018年6月21日）

警視庁災害

2 取り出しやすい
場所に置く

押し入れのおくなどにしまいこむと、いざというときに取り出せないかも。まくらもとやげん関など、すぐ手に取れる場所に置こう。

3 心をいやす
アイテムをプラス

おもちゃや本など心をなぐさめてくれるものも、入るようなら入れてOK。まわりの迷わくにならないものを選んで。

こちら災害対策課Ⅹより
他にも いろいろ やってみよう!

「いつも」の時こそ備えておきたいことは、まだまだあるよ。ぜひ家族で楽しみながらやってみよう!

☑ カッターナイフを使えるかな?

最近「ナイフでえん筆が削れない人が増えている」と聞くけど、災害など困ったときに役立つ重要アイテムなんだ。大人に見守ってもらいながら、練習しておこう。

（2021年9月8日）

☑ ラジオを聞いてみよう

小学生の子にラジオを聞かせてみたら、「何を言っているのか聞き取れない」と言っていたよ。ふだんから耳を慣らしておくためにも、家族で聞いてみては?

（2022年5月10日）

☑ 防災クッキングにトライ!

①水で作るカップめん

めんに味がついたカップめんに、水を注いで15分。冷やしラーメンみたいでおいしい!（2017年8月22日）

カップ焼きそばなら、20分待って液体ソースをからめればOK!

④アルファ米+ジュースのアレンジ

非常食のアルファ米に野菜ジュースやトマトジュースを入れて1時間待ったら、リゾット風においしく仕上がったよ。

（2019年3月8日）

他にも家族でいろいろ試してみよう!

☐カセットコンロでごはんを作ってみる
☐高密度ポリエチレンぶくろでごはんをたいてみる

3章

地しんが起こったときは こうしよう

地しんは、外にいる時でも夜中でも
いきなり発生するもの。
だから、とつ然大きなゆれが起こったら、
パニックになってしまうかもしれない。
そんな時のために、今のうちにどう行動すればいいのか、
覚えておこう。

地しん発生！まず必要な行動は？

地しんが起こると、びっくりしてどうしていいかわからなくなってしまうかもしれない。だからこそ、日ごろから「どうしたらいいかな」を知っておこう。

3つの「危険」に注意!!

1 落ちるもの

ビルの看板や天井の照明、高い家具の上にあるものなどが下に落ちて、当たる可能性がある。ガラス窓などは割れて落ちることも。

2 たおれるもの

家では冷蔵庫や棚など重い家電や家具がたおれてきたら、下じきになったりはさまれたりするかも。

3 動くもの

とめてある車やお店のワゴンにも注意。家の中の固定していない家具やソファもゆれが来ると動いて、ぶつかるおそれが。

3つの危険のない場所で身を守ろう

ものがゆれたら / きん急地しん速報※を受信したら

すぐに身を守る行動を取る！

ゆれが収まるまで、1分以上は安全な場所にいよう。
机などの下に移動し、身を守るポーズを取ろう。

サルのポーズ

机のななめのあし2本の、上のほうをにぎる。ひざをゆかにつける。

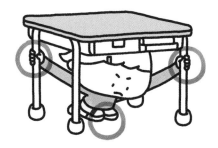

ダンゴムシのポーズ

ひざ、足の甲、ひじがゆかにつくように体を丸め、手で水をすくう形にして頭を守る。

※きん急地しん速報ってなあに？

地しんが発生すると、いつ強いゆれが来るかなどの情報をいち早く知らせてくれるもの。大きな音が鳴ってテレビ画面に表示されたり、スマートフォンやけい帯電話に届いたりするよ。

こちら災害対策課X

警視庁災害

スマホなどのきん急地しん速報が鳴ると、とっさに着信内容を確認する人も多い。でも、速報より先にゆれが届くことがあるから、まずは身の安全を確保しよう。

（2018年9月27日）

家にいたらどうする？

ひとりで家にいる時に地しんが起こったら、どんなことに気をつけたらいいかな？　場所ごとに見ていこう。

リビング・ダイニング

テレビなどがたおれたり、窓ガラスが割れたりするかも。窓や背の高い家具からはなれて、テーブルの下などにひ難しよう。

こちら災害対策課ブックスX

棚の上を片づけたり、出口までの通路にじゃまなものを置かないよう整理しておこう。

（2021年3月3日）

キッチン

重い家電やコンロなどがあるキッチンはとても危険だよ。キッチンにいたらすぐにはなれて。

自分の部屋

机の下にひ難しよう。ねむっている間に地しんが来たら、ふとんにもぐって、身を守って。

お風ろ

バスタブのふちにつかまり、洗面器を頭にかぶって身を守ろう。ゆれが収まったら、すぐにお風ろから出よう。

こちら災害対策課 **X**

警視庁広報

お風ろに入る時は、着がえをすぐ手に取れる場所に準備しておこう。

（2019年9月27日）

トイレ

ドアがゆがんで閉じこめられてしまう危険も！できるだけ早くにげられるよう、ろう下やげん関へ出て。

ひとりの時こそ、
迷わず・あわてず
を心がけてね！

🔍 確認しておこう

- ひとりでるす番している時、どこにいることが多いかな？ 思い出してみて。
- ここに書いてあることをふまえて、どこが一番安全か、考えよう。
- 家庭によって家のつくりが違うので、「リビングにいたら、テーブルの下にもぐろう」「トイレにいたらすぐろうかに出よう」など、家族で話し合って決めておこう。

家にいない時はどうする？

家ではない建物の中

🚩 学校

● 教室では
机の下にもぐり、サルのポーズ（33ページ）を取ろう。

● 体育館や運動場では
中央に集まり、ダンゴムシのポーズ（33ページ）をとろう。窓ガラスには近づかないで。

実験室などでは、薬品や火でけがをしないよう気をつけて！

✏️ 大事なことは

⭐ 先生の指示に従おう
落ち着いて、先生の指示をきちんと聞こう。

⭐ 勝手に行動しない
あわてて教室を飛び出したり、家が心配だからとだまって帰ったりはダメ！

スーパーなどのお店

たなやワゴンからはなれる

商品のちん列だなやワゴンからはなれて、柱やおどり場など、ものが少ない場所へ移動しよう。

ガラスやとう器、重いものが落ちてくるかも。注意しながらひ難して。

買い物かごを利用する

かばんや買い物かごを頭にかぶり、しゃがんで身を守ろう。

映画館や劇場

落ちてくるものに注意

上から落ちてくるものに注意し、頭をかばんなどで守りながら安全な場所へ移動しよう。

こちら災害対策課 X

警視庁防災

映画館や劇場などの建物は、通常はがんじょうにできている。たとえ周りが暗くても、あわてず行動することが大切だよ。

（2018年4月23日）

大事なことは

☆周りの大人に助けてもらおう

スーパーや映画館では、子どもだけだと周りの大人に知ってもらうことも大切だよ。

☆お店の人や警備員の指示に従おう

お店の人や警備員は、地しんが起こった時に客がケガをしていないか確認したり、どのようにひ難するか教えてくれるよ。よく指示を聞いて、従おう。

移動中

町中

次のような危険から注意しながらはなれ、公園など広くて安全な場所へにげよう。

落ちてくるかも！

- 窓ガラス
- 屋根のかわら
- 看板
- エアコンの室外機
- ガーデニングのプランター

頭の上にも注意を向けよう！

○△病院

たおれてくるかも！

- ブロックや石でできたへい
- 電柱
- 自動はん売機
- ビルなどの建物

すみやかにはなれよう！

地下街

いきなり出口へ走らない

非常口にいきなりみんながおし寄せると、事故になるおそれも。まずは落ち着いて。

柱やかべのそばに移動する

かばんなどで頭を守りながら、柱やかべのそばにひ難しよう。

停電になってもあわてない

たとえ照明が消えても、非常用の照明がつくまではむやみに動きまわらないで。

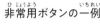
非常用ボタンの一例

ひじょう

非常のときに押し続けてください。外部に連絡できます。

こちら災害対策課 Ｘ

警視庁 災害

もしも閉じこめられたときは、非常用ボタンをおし続けて、外の大人に連らくしよう。
（2023年1月31日）

エレベーター

すべての階のボタンをおす

全部の階のボタンをおすと、いちばん近い階で止まるかも。止まったら、注意しながら降りよう。

エスカレーター

ベルトにつかまる

ゆれを感知していきなり止まると、転んでしまうかも。すぐにベルトにつかまって。

ふだんからベルトにつかまる習慣をつけておこう！

確認しておこう

☆ あらかじめ家族と確認しておこう

通学路や習いごとなど、ひとりで出かける場所は、そこまでの道のりを親子で確認しておこう（22ページ）。地図を用意して、危険そうな場所や身を守れそうな建物などに印をつけておいてもいいね。

乗り物に乗っている時

電車やバス

強いゆれを感知すると、電車やバスは急に止まるよ。転倒したり飛ばされたりするのを防ぐため、すぐに身を守る行動を取ろう。

● **立っていたら**
低い姿勢を取り、手すりやつり革にしっかりつかまる。車内が混んでいたら、転ばないように足をふんばる。

● **座席に座っていたら**
低い姿勢を取り、かばんなどで頭を守る。

大きな声を出さず、落ち着いて行動しよう。

地下鉄

こわくても落ち着こう

地下にいると不安な気持ちになるかもしれない。でも、勝手に線路に降りたりしないで、まずは身を守り、その後は乗務員の指示を待とう。

こちら災害対策課 X

警視庁災害

不安な時は「腹式呼吸」がおすすめ。おなかをふくらませて鼻から4秒間息を吸い、へこませながら口から8秒間吐くだけ！
（2021年2月24日）

身の守り方は、左ページの電車やバスと同じだよ。

駅のホームにいたら？

落ちてくるものに注意しながら、近くの柱のそばへ。線路に落ちないように気をつけて！ 混んでいたら、その場で押し合わずにゆれが収まるまで待とう。

✏ 大事なことは

☆ 停車したら乗務員の指示を待とう

あわててにげだすのではなく、落ち着いて乗務員の指示を待とう。車内アナウンスにも耳をすませて。

☆ いきなり線路や道路に飛び出さない

勝手に線路に降りたり道路に出ると、別の電車や車にひかれるおそれも。また、地下鉄の線路わきの高圧電線にふれてしまうととても危険だよ。

☆ 状況を説明できるようにしておく

駅や電車の中では、大人でもパニックになりやすい。ゆれが収まったら、親がいっしょにいないことや待ち合わせの場所などを駅員に説明できるように、日ごろから練習しよう。

やっちゃダメなこと 家の中

地しんが起こったときやゆれが収まったとき、やってはいけない
ことは何だろう?

あわてて
外に飛び出す

やみくもに外に出ると、落
ちてくるものでケガをしたり
事故にあったりするかもしれ
ないよ。

✕ キッチンに入る

もしキッチンで火を使ってい
ても、ゆれている中でコン
ロの火を消すのは大人でも
むずかしい。君も家族も、
まずはキッチンからはなれて
身を守ることを優先して。

✕ 電気器具の
スイッチを入れる

火災やばく発のおそれがあ
るよ。子どもはスイッチにさ
わらないようにしよう。

コンロなどの火を
つけるのもダメ!

はだしで動き回る

窓ガラスのかけらなどがゆか
に散らばっているかも。家
の中でもスニーカーなどをは
いて。

4章
地しんが収まったら すぐすること

ゆれが収まった後、あなたはどうしたらいいか、
すぐに判断ができるかな？
びっくりして何をしていいかわからなくなるかも。
ここではそんな時、どうしたらいいかをしょうかい。
しっかり読んでおけば、いざという時すぐ行動できるよ！

地しんの後はどうする？

自分の家

家にいる時、外にいる時……。地しんの後はどうしたらいいかな？　覚えておくと、いざという時に安心だよ。

1 自分のことを確認しよう

● ケガをしていないか
全身をチェック。もしケガをしていたら、大人にすぐ伝えられるようにしよう。

● 閉じこめられていないか
出口がない場所にいたら、笛やブザーを鳴らしたり、音の出るものをたたいたりして知らせよう。

2 足元を守ろう
落ちてきたものや割れた窓ガラスなどでケガをしないよう、スリッパやくつをはいて動こう。足が守れるよ。

こちら災害対策課 X

警視庁災害

できるだけはきなれたくつを、わかりやすい場所に置いておこう。新品だとくつずれしたり、古いくつだとはいたら壊れたりすることも。

（2018年7月3日）

こんなときは すぐにげよう！

目と耳でよく危険を確かめよう。危険がせまっていると感じたら、何よりも命を守ることが大切。ひ難が最優先！

火が出た・火災報知器が鳴った
過去の地しんでは、あちこちで火事が発生したことも。（14〜15ページ）

つ波や土砂災害の警報が鳴った
つ波や地すべりなどの土砂災害は、短い時間で発生するよ。（50ページ）

3 家族の様子を確認する

● 家族といっしょの時
家族がケガしていたり、閉じこめられたりしていないか声をかけあおう。

● 家族と別々にいる時
災害用伝言ダイヤル（24ページ）などで家族の無事の確認ができるようにしよう。

4 部屋の様子を確認し、どうなっているか確認

● 出口を確保する
ドアや窓を開けて、いつでもひ難できるようにしよう。建物がゆがんで開かなくなるかもしれないよ。

● 何が起こったか知る
地しんについての情報を確認しよう。テレビやラジオで、ひ難が必要かなどの判断も！

こちら災害対策課 X

災害が起こって世の中が混乱すると、SNSなどでデマ（いいかげんなうわさ）が流れることも。テレビやラジオなどで正しい情報を得よう。
（2014年12月24日）

災害情報

⚠ 子どもだけでやるのは危険！

☆ ひとりで消火をしない
火やガスの始末は大人に任せよう。もし火災が発生していたら、「火事だよ！」などとさけんで、近くの大人に知らせて。

☆ ひとりで家族を助けようとしない
大きな柱や家具を、ひとりで動かそうとするのはあぶないよ。近所の大人などに必ず声をかけて、協力してもらおう。

地しんの後はどうする？

🖊 大事なことは

☆ 家にいたらどうするか家族で話し合う

ひとりで家にいる時に地しんが起こったらどうするか、家にいて待つのか、どんな事態になったらひ難するかなど、家族で話し合っておこう。ひ難する先も確認して、「わが家の防災シート」にも書きこんでみよう！

☆ 連らく方法を決めておく

災害伝言ダイヤルを利用する、はなれた地域に住む親せきに伝言を残すなど、いざという時の連らく方法を家族で決めておこう（24ページ）。

こちら災害対策課 X

警視庁災害

家族の連らく先はけい帯電話に登録するだけでは心配。じゅう電が切れたらわからなくなるかも。きん急連らく先を記したメモを、さいふなどに入れておこう。

（2021年10月12日）

ひ難するとき必ずしたい 4つ のこと

これをしておくことで二次災害が防げるよ

☑ 安否メモを残そう★
家族に、行き先などの伝言メモを残そう（59ページ）。

☑ ケガしにくい服そうで出よう★
できるだけ肌をかくす服やぼうし、はきなれたスニーカーがいいね（58ページ）。

☑ 水道やガスの元せんをしめよう
ガスや水道の元せんはどのように閉めるかを家族で確認しておこう。

☑ ブレーカーを落とそう
過去の地しんでは、停電が直ったことで火事が起きたことも（通電火災）。

※★がついているものは家でひとりの時でもできるよ。特におぼえておこう。

家の外

あせらないことが大事なんだね。

階段や通路、駅など

せまくて人が集まりやすい場所は、「群衆なだれ」（人びとが一か所に集まって、折り重なってたおれる事故）の危険も。あせって自分勝手な行動を取らず、落ち着くことが大切だよ。

地下街

かべ伝いに非常口を目指す

地下街は60mおきに非常口が設置されている。もし停電しても、あわてずにかべを伝って非常口を目指そう。

こちら災害対策課X

警視庁 災害

非常口のマーク※を見たことはあるかな？ 背景が緑色か白色かで、意味がちがうよ。2種類のちがいをおぼえておこう。　（2019年3月20日）

ひ難口誘導灯
非常口そのものを表すよ。

非常口 EXIT
↑背景が緑色

通路誘導灯
非常口までの道のりや経路を表すよ。

↑背景が白色

大事なことは

☆できるだけ冷静に
あわててしまうと大事な情報を聞きのがしたり、自分がケガをしても気づけないことさえあるんだ。深呼吸をして、落ち着いて動こう。

☆係員の指示に従う
学校なら先生、公共の乗り物なら乗務員というふうに、災害が起こった時にどうすればいいか知っている人の指示を聞こう。

※7ページでマークのカラー画像をしょうかいしているよ。

家族と無事に会うために

もし家族と同じ場所にいない時に地しんが起こったら、連らくを取って合流することが大切。無事に会えるまでがんばろうね。

帰宅困難者になるかも？

出かけた先で地しんが起こって、家に帰るのが難しくなった人を「帰宅困難者」というよ。

知らない人についていかない

助けが必要なときは、近所の人や警察官、駅員などに声をかけよう。知らない人は、いい人とは限らないよ。

家族に連らくを取ろう

安全な場所にひ難できたら、家族に連らくを取ろう。

こちら災害対策課 X

警視庁 災害

家族がバラバラになるかもしれないから、災害用伝言ダイヤルだけでなく、地方にある実家にも連らくするよう家族で決めているよ。

（2013年6月28日）

📝 大事なことは

☆ 家族の間で連らく方法を決めておこう

災害用伝言ダイヤルや、三角連らく法（24ページ）を使おう。2つ以上の方法を決めておくと安心。

☆ 学校の引きわたしルールを確認する

学校によって、「子どもを引きわたす相手を先に登録しておく」といったルールを決めていることも。あなたの学校がどうなっているか、保護者の方に確認しよう。

火事が起こったら

地しんが起こると、コンロやストーブから火が出たり、通電火災（停電から復旧した時に起こる火事）が起こることも。どうしたらよいか対策を学ぼう。

火事になるとどうなるの？

火災が起こると、建物から建物へと燃え広がって、けむりを吸いこむと命を落とすことだってある。すぐに外ににげよう。けむりがじゅう満してきたら、下のポーズを取ってね。

火災を見つけたら

大きな声で「火事だよ!」などとさけんで、近くの大人に知らせよう。近くに火災報知器があれば、おすとベルがなって、周りに火災が伝わるよ。

口と鼻を
おおう

身を
かがめる

こちら災害対策課 X

警視庁災害

地しんで停電した後、復旧した時、地しんでたおれた電化製品が発火することがあるよ。ひ難の前にブレーカーを落としてね。

（2018年9月12日）

自分だけでなんとかしようとするのはNGだよ。

大事なことは

☆ すぐににげる!

ひ難に早すぎることはないよ。「まだ大じょう夫かも」と迷ったり、忘れ物を取りにもどったりしないで、とにかくにげよう。

つ波や土砂災害を さけるために

つ波

海岸や島など、海の近くにいるときに地しんが起こったら、「つ波」にも注意しないといけないよ。

1分でも早く 高い場所へ

地しんの後、海岸にはたった数分で高い波が届くことも。海の近くでゆれを感じたら、すぐに高台へにげよう。

旅先でも 意識しよう!

大事なことは

★ 車でにげない

過去の地しんでは、車でにげる間にじゅうたいになってつ波に巻きこまれた人も。もし車に乗っている時に地しんが起こったら、みんなで降りて走ってにげることが大切。

★ 高台を調べておこう

特に海の近くや島に住む人は、つ波の危険のある地域か、ひ難できそうな場所はどこかなど確認しておこう。

※7ページでマークのカラー画像をしょうかいしているよ。

土砂災害

土や砂が流れて、家や道路がうまる「土砂災害」にも気をつけよう。

土砂災害にはどんなものがある？

がけくずれ
しゃ面が急にくずれ落ちる。

地すべり
しゃ面がゆっくり下の方へ移動する。

土石流
山の土砂が、大雨などのえいきょうで一気に下流へおし流される。

土砂くずれしそうな場所からにげる

がけや急なしゃ面などでは、土砂がくずれてくるかも。地しんが起きたら、すぐにはなれよう。

こちら災害対策課Ｘ

土砂災害に関する記号※をおぼえておこう。
（2021年11月30日）

土石流に関する情報をしめす。

がけくずれまたは地すべりに関する情報をしめす。

土石流が発生するおそれがある地域だとしめす。

がけくずれや地すべりが発生するおそれがある地域だとしめす。

大事なことは

☆ **地域の土砂災害の危険度を確認する**
住んでいる地域や学校、ひ難場所などの近くに、山やがけなど土砂災害の可能性のある場所がないかな？
ハザードマップ（20ページ）などで確認しておこう。

土砂災害が起こる前のサインはこれ

● しゃ面やがけにひび割れができる。
● がけから小石が落ちてくる。
● 川や沢の水がにごる。
● 山全体がうなっているような音がする。

※7ページでマークのカラー画像をしょうかいしているよ。

やっちゃダメなこと 家の外

家にいない時に地しんが起こったら、やってはいけないことは何だろう？　家の外ならではの危険に気をつけて！

エレベーターでにげる

余しんや停電が起こったら、閉じこめられるかも。エレベーターが動いていても、ひ難口や非常口から階段を使ってにげよう。

むやみやたらと 電話をかける

電話をかけすぎると電話がつながらなくなることも。災害用伝言ダイヤル（24ページ）などを利用しよう。

川に近づく

川の下流から上流へつ波がおし寄せることも。もし川のそばにいたら、流れに対して直角の方向へ向かってひ難しよう。

町中でさわぐ

地しんの後は、にげてきた人たちで道は大混雑に。さけんだり走り出したりしたら、他の人もパニックになるかも。

何がなんでも家に帰ろうとする

帰り道が危険になっていてケガをしたり、迷子になったりするかも。学校や商業し設など安全な場所で待ちながら、家族と連らくを取ろう。

5章

地しんの後の
ひ難の仕方

次に考えなければいけないのは、ひ難の仕方。
家にいて OK か、ひ難所に行く方がいいか。
安全に過ごすためには、どちらを選ぶのが正解か。
大人といっしょに確認してみよう!

ひ難の流れを知ろう

ここでは東京都の2段階ひ難方式をもとに説明するよ。住んでいる市区町村ごとにひ難方法はちがうから、あらかじめウェブサイトなどで確認しておこうね。

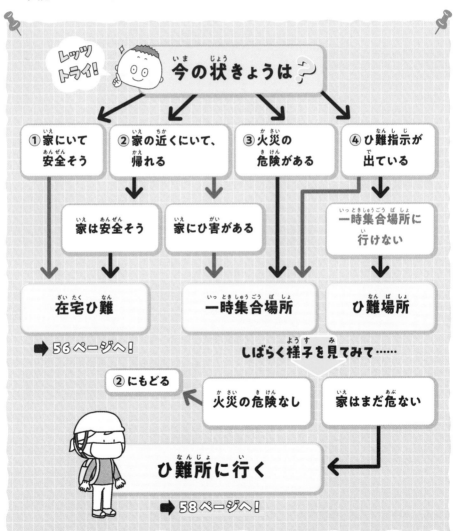

レッツトライ！

今の状きょうは？

① 家にいて安全そう
② 家の近くにいて、帰れる
③ 火災の危険がある
④ ひ難指示が出ている

家は安全そう
家にひ害がある

一時集合場所に行けない

在宅ひ難

➡ 56ページへ！

一時集合場所

ひ難場所

しばらく様子を見てみて……

② にもどる

火災の危険なし

家はまだ危ない

ひ難所に行く

➡ 58ページへ！

家の状きょうを判断するポイントは?

Step 1 まずは危険かどうか確認しよう

- 家がひ害を受けていないかな? たおれたりこわれたりするおそれはないかな?
- 近くの家がたおれたりしたら、自分の家にもひ害の出る可能性はないかな?
- 火災やつ波の危険はないかな? 地面が液状化（地しんにより地ばんが液体のような状態になること）して家がかたむくおそれはないかな?

Step2 そのまま家で生活できるか考えよう

- 他人の助けがなくても、そのまま生活を続けられそうかな?
- 小さなきょうだいやペットがいる?

在宅ひ難

地しんが起きた時、自分の家がこわれたり、火災の心配がない場合に、ひ難所に行かずに自分の家で生活することだよ。プライバシーを守りやすい、たくさんの人で密集しないので、感染しょうにかかりにくいといったメリットがあるよ。

こちら災害対策課 X

警視庁 災害

ひ難場所や一時集合場所に指定された公園には、「防災トイレ」や「かまどベンチ」など、災害が起こった時に活用できる設備があることも。住んでいる地域にはどんなものがあるか、確認しておくと安心。

（2016年6月1日）

- 一時集合場所 ●ひ難場所 ●ひ難所 の説明は

➡ 21ページへ!

自分の家で暮らす時は

自分の家でそのまま過ごすと決めたら、まずは安心して生活できるように家を整えよう。

部屋を片づけるよ!

地しんの後は、家具がたおれたりガラスが飛び散ったりして、歩くのもたいへんになっているかも。大人の指示に従って片づけのお手伝いを!

安心してねむれる場所を作ろう

まずは家族みんながねむれるだけの、安全な場所をひとつ作るのを目標にしよう。たおれた家具は、余しんがあるかもしれないから、起こさずそのままに。

安全に作業できる服そうで!

もしケガをしても、病院でみてもらえるとは限らないよ。軍手をはめたり、スニーカーをはいたりして、気をつけて行動しようね。

子どもができるお手伝いはこんなこと

- ほうきやちりとりでゆかをはく
- 散らばった本など、ケガしないものを1つの場所に集める
- ゴミぶくろを外に運ぶ

子どもは無理せず、大人の指示に従って手伝おう。

水を大切に使おう

水道が使えない時は、むだづかいに気をつけよう！　少しの水で生活できるよう、工夫してね。

水不足の時はどうやって歯みがきをするの？

歯みがきをしないと、体の具合が悪くなることもあるんだよ。ひ難所に歯ブラシがない時、水が足りない時は、ハンカチなどの布を指にまいて歯をふくだけでも効果があるよ。非じょう用持ち出しぶくろの中に、液体歯みがきを入れておくのもおすすめ。

お休みの日に、一度やってみよう！

こちら災害対策課 X

警視庁広報

少しの水でも洗たくできる。
（2024年1月20日）

❶ ビニールぶくろを二重にして衣類と水、少量の洗ざいを入れ、外側から手でもみ洗いする。

❷ ビニールぶくろの口を開け、衣類を足でふんで水をぬく。また水を入れて、同じ動作をくり返す。

洗たくに使った水は、トイレなどに再利用できるよ。

⚠ いつもの生活とのちがいに注意

☆ トイレをいきなり流さない

はい水管がこわれていないか、下水道が復旧しているかを確認できるまで、トイレは流さないで！　特に、マンションやアパートに住んでいる場合は気をつけて。

☆ いつも明かりをつけておく

犯罪に巻きこまれないために、昼も夜も明かりをつけて、家に人がいることが外からでもわかるようにしよう。

ひ難所で暮らす時は

自分の家で生活できない場合は、しばらくひ難所で暮らすことになるよ。たくさんの人との共同生活で気をつけることは何だろう?

ひ難所へ向かう

ひ難所に向かう前に、余ゆうがあれば服そうなどを整えておこう。快適に過ごせるかどうかが変わってくるよ。

ひ難するときのかっこう

ヘルメットや防災頭きん

レインウエア

マスク

両手の空くリュックや防災ベスト

夏でも長そで・長ズボン

手ぶくろ

底の厚いスニーカー

動きやすい服装でね!
冬はひ難所に暖ぼうがないこともあるから、暖かいかっこうをしよう。

大事なことは

● 火災・つ波や土砂災害など危険がせまっている時は、真っ先にひ難すること!

● ひ難所へ向かうと中、家や電柱がたおれたり、地面が割れたり、いろいろな危険が待っているかも。周りをよく見て、安全に進もう。

ひ難所に着いたら

※ひ難所にとう着してからのひとつの例を紹介。
ひ難所によって、順序やルールがちがうことも。
それぞれの順序やルールを守ってね。

家族といっしょでなくて、
何か心配なことがあったら、
受付の大人に相談してみよう。

連らく先を伝える

受付があれば、名前・住所・連らく先を伝えよう。

移動するときも伝えておく

「家族と打ち合わせておいたひ難所が満員で受け入れられなかった」など、別の場所へうつらなければならないことがあるかも。受付で、次に向かう場所を伝言してからにしよう。

家族などの安否を確認する

家族とまだ連らくがついていない場合は、ひ難所の伝言板などを確認してみよう。また、自分の名前やどこにひ難しているかも書いておこう。

○○小学校にいます
そなえる
まもる

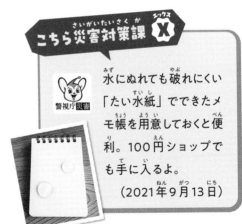

こちら災害対策課 ブックス X

水にぬれても破れにくい「たい水紙」でできたメモ帳を用意しておくと便利。100円ショップでも手に入るよ。
（2021年9月13日）

警視庁災書

近所の人を探す

近くに住んでいる人や、同じ町会・自治会の人同士で近い場所にまとまって過ごすこともあるよ。近所の人たちを探して、近くで過ごすようにしよう。

ひ難所での過ごし方

病気に注意しよう

● うがいや手洗いをしっかり！

かぜやインフルエンザがはやりやすくなるよ。手洗いやうがいをこまめにして、予防しよう。

● 自分で体の調子をキープしよう

ひ難所が寒く感じたら、はおりものをプラス。夏場は熱中しょうにも注意して。こまめに水分や塩分を取るようにしようね。

こちら災害対策課 X

警視庁災害

ひ難所生活で発生しやすいエコノミークラスしょう候群※を予防する体操を、試してみて！

（2024年1月19日）

アレルギーがある人は

アレルギーがある場合は、食事やおかしが配られたら確認をしてね。心配なら、非常用持ち出しぶくろに安心して食べられるものを入れておいてもいいかも。わからなければ、大人に確認しよう。

❶ ❷

転ばないように、かべに手をつけて行おう。
❶かかとを上げる。
❷つま先を上げる。①②をくり返そう。

※長い間足を動かさないと、血のめぐりが悪くなって血が固まり、病気を引き起こす原因になることがあるよ。

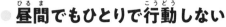

犯罪 に注意しよう

● 子どもだけで 過ごさない

子どもをねらう犯罪に巻きこまれないよう、いつも大人の目の届くところで過ごそう。

過去の地しんでは、知らない人からストレスのはけ口にされて、たたかれた子もいるんだ。

● 昼間でもひとりで行動しない

昼間でも、人けのない場所には近寄らないように。複数のお友だちといっしょに行動して、できれば防犯ブザーを持ち歩こう。

こちら災害対策課 X

警視庁 災害

ホイッスルを首から下げておこう。防犯対策にもなるよ。
（2023年3月3日）

✏️ 大事なことは

☆ 思いやりの心を 持とう

ひ難所ではさまざまな人が集まって生活するよ。「おたがいさま」という思いやりの心を持って、助け合おうね。

☆ ルールやマナー を守ろう

「他の人のスペースをのぞかない」「大声でさわがない」など、他の人の迷わくになることはひかえて。

☆ できることを すすんで手伝おう

支えんの品を整理したり、お年寄りの話し相手になったりと、あなたにできることはないかな？　周りをよく見て、手伝おう。

自分もまわりも 気持ちよく

トイレを
きれいに
使う

順番を
守る

ペットを連れてひ難する

ペットも大切な家族の一員。地しんが起きた時のことを前もって考えておこうね。

ペットの受け入れは地域で違う

できる限り、ペットといっしょに避難しよう。ただし、受け入れについては住んでいる場所によってちがうので、確認しておこう。

家が安全で、定期的に世話をしに戻れる状態なら、ひ難所へ連れていかないという考え方もあるよ。

- 同行ひ難　ひ難所まで一緒に行き、ひ難所では別々に過ごす
- 同伴ひ難　ひ難所でも同じ場所で過ごす

大事なことは

☆日ごろからしつけをしっかりする

人にほえたりかんだりしないのはもちろん、トイレも決められた場所でできるように訓練しておこう。ワクチンの接種や登録も忘れずに。

マテ！

☆迷子にそなえよう
連らく先などを書いた迷子札を着けたり、マイクロチップを装着しよう。また、写真もとっておこうね。

☆ペットのための防災アイテムも準備する
君のペットに必要なものは何かな？　調べて、忘れずに用意しよう。

☐ペットフード、水　　☐いつも用意してある薬
☐トイレに必要なアイテム　　☐ペット用おもちゃ　など

気持ちよく過ごすヒント

災害対策課のプロが試した、少しでも過ごしやすくするためのアイデアをしょうかいするよ!

ヒント 1 かい中電灯がランタンに変身!

かい中電灯の上に水を入れたペットボトルを乗せるだけで、周りを明るく照らせるよ。

小さいかい中電灯は、コップに入れてからペットボトルを乗せてみて!

ヒント 2 毛布のあったかパワーを引き出そう!

毛布の上のはしに頭が来るようにしてね

ぼくもいろいろ工夫してみよう!

❶段ボールの上に毛布をしいて上にねる。

❷毛布で片方ずつ体をくるむ。首元のすきまはできるだけ少なく!

❸さらに胸元や足先に上着などをかければ、もっと暖かいよ!

やってみよう!

簡単工作 from 災害対策課 X

いつもの暮らしにも、ひ災した時にも役立つ、便利で楽しい工作にチャレンジしてみよう。

手で持たなくてもいいから便利

1 じゃ口式ペットボトル

（2018年11月21日）

材料と道具 ●ペットボトル ●ドライバーなど先のとがった道具

作り方

 ❶ペットボトルの下のほうに、ドライバーなどで直径2〜3mmの穴を開ける。

 ❷①の穴を指でおさえながら、ペットボトルに水を入れて、キャップを閉める。

 ❸ペットボトルを置き、おさえていた指をはなす。

 ❹使う時はキャップをゆるめると、下の穴から水が出てくるよ!

水はもれないから安心してね。

足元を清潔にしよう

2 新聞紙のかんたんスリッパ

（2024年1月14日）

材料と道具 ●新聞紙

作り方

❶新聞紙を2つに折る。

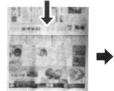 

❷いったん元にもどしてから、上から¼を折る。その両はしの角をそれぞれ折る。

新聞紙は元の
半分の大きさになったよ

 裏返し

❸②をさらに下に折る。

❹裏返して、左右のどちらかの⅓を、内側へ折る。

❺反対側の⅓を内側に折り、三角形の部分に差しこむ。

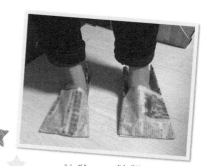

❻裏返して完成！

飲み終わっても捨てないで！

3 ペットボトルがスプーンに変身！

（2017年2月1日）

材料と道具 　● ペットボトル　● ペン　● はさみ

作り方

ペットボトルがうすくて
やわらかいようなら
わりばしなど棒をそえて、
ラップで巻くと強度アップ。

❶写真のように、ペット
ボトルにスプーンの形
に線をかく。

❷線に沿ってはさみで切
り取る。

- -

マスクが足りない時に

5 インスタントマスク

（2017年8月7日）

材料と道具 　● キッチンペーパー　● ホチキス　● 輪ゴム

作り方

❶キッチンペー
パーを「じゃば
ら」の形に折
りたたむ。

❷両はしに輪ゴム
を置き、ホチ
キスで留める。

非常食で明かりを作れる

4 ツナかんランプ

（2013年11月28日）

材料と道具
● ツナかん（オイルづけ）　● きり（先をきれいにふく）
● コーヒーフィルターやキッチンペーパーなどの厚めの紙

作り方

❶ツナかんのふたにきりで穴を開ける。

❷厚めの紙をねじって「こより」の形にして、①の穴に差しこむ。

❸こよりに油がしみこんだら、火をつける。

- -

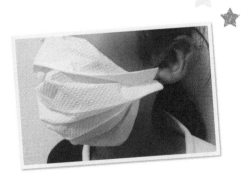

❸じゃばらを広げて、マスクの形に整える。

どれもかんたんだよ！
家族といっしょに、
お休みの日にやってみよう！

67

こんなに準備したのに!?
えっ
起こることを予そくして、しっかり対策をしていても
対策
想像もしなかったことが起こることがあるの
よそう外のこと
それにひ難は無事にできたとしても
今までとはちがう暮らし方に変えないといけないかもしれない
せっかくいろいろやったのに…
いいえそういう時こそ!
地しんについてちゃんと学んできたことが
知しき
あなたたちのつよーい味方になってくれるよ

作ってみよう
いざという時に役立つよ!

✂

ここまで読んだあなたは、
防災についての知識も覚ごも身についたはず。
あとは日ごろから準備しておけば、いざという時に大活やくする
2つのお役立ちアイテムを完成させよう。

★ わが家の防災シート

★ 文字が消えないスーパー防災メモ

いつもそばに置いて、
役立てようね!

わが家の防災シート

家族で防災について話し合って、「わが家の防災シート」を完成させよう！

シートの書き方・使い方

❶ シートをダウンロードしよう。家のプリンターやコンビニのコピー機などで、家族みんなの分をプリントアウトしてね。

❷ 質問について家族みんなで話し合い、それぞれ答えを書きこもう。

❸ シートが完成したら、それぞれすぐに手に取れる場所に置いて、いつでも確認できるようにしよう。

＊ハザードマップも用意して、いっしょに見ながら考えよう！

> ※☆マークがついている質問は、あなたの住む場所のハザードマップ（20ページ）や地図に書きこもうね。わが家の防災シートとセットで保管しておくと安心。

あらかじめ家族みんなで
決めておくことが大切だよ

わが家の防災シートは
ここからダウンロード！ ➡

何度でも読みかえそう

わが家の防災シート 名前

危険な場所・安全な場所の確認

★危険な場所は？
★家の周りで地しんやつ波、土砂災害などが起こった時に危険な場所は？
★家から学校や塾へ行く時、災害が起こったら危ない場所は？
★あなたが習いごとなどひとりで出かける途中で、災害が起こったら危ない場所は？
★家から避難や待ち合わせ場所まで、安全に行ける道は？

★安全な場所は？
★いざという時にひ難できそうな、新しくてがんじょうな建物は？
★家の近くにある災害時帰宅支えんステーションや公衆電話は？

わが家のひ難場所は？ ※災害の種類ごとにちがう場合は、すべての種類で確認しよう。
[   ]

わが家のひ難路は？ ※災害の種類ごとにちがう場合は、すべての種類で確認しよう。
[   ]

家族が別々にいたら、待ち合わせる場所は？
※ひ難場所やひ難路が違う場合など、家族全員が知っていて行きやすい、安全な場所で待ち合わせてもいいね。
[   ]

地しんの後の行動

火事が起こったり、家族が閉じこめられたりしたら、助けをお願いできそうな人は？
[   ]

家からひとりでひ難する時、家族へのメモを残す場合はどこに置く？
[   ]

出かけた先で地しんが起きたら、どうやって連らくをとる？
※2つ以上決めておこう。※三角連らく法の場合、どこのだれに電話するかもしっかり決めよう。
[   ]

家の中の安全とそなえ

非常用持ち出しぶくろで、あなたが用意するものは？ ※28ページの表に書こう！
[   ]

非常用持ち出しぶくろを置く場所は？
[   ]

家であなたがいることの多い場所は？
[   ]

そこで地しんが起きたらどこににげる？
[   ]

家で地しんが起きたらどこににげる？
リビングダイニング [   ]
キッチン [   ]
自分の部屋 [   ]
トイレ [   ]
浴室 [   ]
ろう下 [   ]
その他 [   ]

他に、おうちの人と決めておくことがあれば書こう。
[   ]

困ったときに声をかけていい人はだれ？ （例／となりの●●さんのおじさん・おばさん など）
[   ]

あなたの学校の引きわたしルールは？ ※おうちの人に確認しよう
[   ]

（ペットがいる場合）地しんが起きたらどうひ難する？
[   ]

他に、おうちの人と決めておくことがあれば書こう。
[   ]

消えにくいペンで書こう

いざという時の不安を
少しでもなくそう！

文字が消えないスーパー防災メモ

巻末に付いている防災メモを使って、いざという時に必要な情報をまとめておこう。折って食器としても使えるよ!

メモの書き方

1 防災メモに、消えにくいペンで書きこもう。

2 76〜77ページの「防災メモの折り方」にしたがって、4つ折りにしよう。

3 よごれや破れをふせぐために、密封袋に入れておくと安心だよ。

4 メモが完成したら、いつも持ち歩くランドセルや非常用持ち出しぶくろなどに入れて、いつでも確認できるようにしよう。

たいへんな状きょうでも、必要な情報をすぐに確認できると安心できるよ。

「その他」には大事だと思うことを書こう

たとえば

● かかりつけの病院や医師の名前

● 持病や、いつも飲んでいる薬

● アレルギーの種類　　　　　　　　など

Memoは必要なときのメモスペースとして取っておこう

名前（ ）の防災メモ
住所
電話番号
けい帯電話番号
メール

生年月日	血液型	性別

アレルギー　あり・なし（ ）
持病・飲んでいる薬　あり・なし
その他

きん急連らく先

氏名	関係
連らく先	
氏名	関係
連らく先	
氏名	関係
連らく先	

Memo

器として使う時の
折り方や使い方は、
76〜77ページを見てね！

こんな形になるよ！

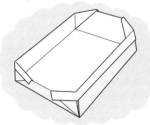

この防災メモは、破れにくくて水に強い『ストーンペーパー』という素材でできているよ。

文字が消えないスーパー防災メモ
の折り方・使い方

器の折り方

1 メモを半分に折り、折り目をつける。

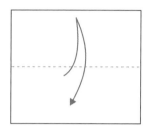

2 ①を開き、さらに上下を半分に折る。

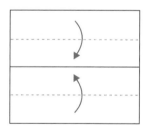

3 角を点線部分で内側に折る。

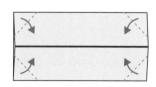

4 点線の部分で折り返す。

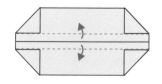

防災メモとして使う時は

①を、さらに横半分に折って、できあがり!

いつでも持ち歩こう!

❺ 点線の部分で内側に折って折り目を付けてから、開く。

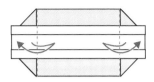

❻ 内側から開き、形を整える。

完成！

器の使い方

小物入れとして荷物の整理に

こまごましたものをしまうのに便利だよ。

食器がわりに

非常食を食べるときの器としても。洗って何度も使えるよ。

ビニールぶくろやラップフィルムをかけてから使うと、洗う手間や水を省けるよ

🔍 スーパー防災メモのヒミツ

『防災グッズ大賞2023』でアイデア賞を受賞した『使える非常用食器折り紙』は、かん境に優しく、洗ってくり返し使えるスグレモノ！ 巻末の防災メモと同じ素材だよ。

『非常用食器折り紙(3993)』
株式会社アーテック

この本に登場する「災害対策課X」について

本書で紹介している「災害対策課X」の内容は、警視庁警備部災害対策課のX（@MPD_bousai）のポストをもとに、子どもにもわかりやすいように、編集部にて編集・再構成したものです。子どもたちに防災についての知識を学んでもらい、意識を高めてもらう趣旨で、警視庁に取材協力をいただきました。

この本で興味を持ったら、ぜひ警視庁警備部災害対策課のXをチェックしてみてね。
もっともっとたくさんの情報が手に入るよ！

 警視庁警備部災害対策課
@MPD_bousai

https://twitter.com/MPD_bousai

2012年から運用を始め、フォロワー数は107万人以上（2024年3月現在）。
警視庁警備部に所属する現役警察官が、平日は毎日、防災に役立つ情報をポストしている。防災対策と災害発生時の対応のプロならではの、わかりやすくてためになる情報が人気のアカウント。

保護者の方へ

年々、地震や水害など自然の脅威を感じることが多くなっています。

少しでも不安やおそれを小さくするためには、目を背けるのではなく、正しい知識と情報を身につけてできる限りの備えをすることが必要です。

この本では繰り返し、災害への備えや、災害が発生した時の行動を家族で話し合う大切さを伝えています。

日ごろから家族でコミュニケーションを取り、防災への意識と理解を高めることが重要だと考えるからです。

ぜひ、家族で話し合うきっかけとして、本書をご活用ください また、本書で紹介した工作や、巻末の「わが家の防災シート」の作成をいっしょに行うことで、より家族のきずなと理解を深めるきっかけになれれば幸いです。

主婦と生活社

参考資料・文献

「東京防災」「東京くらし防災」（ともに東京都総務局総合防災部防災管理課 編）
「防災ノート～災害と安全～小学校3・4年生版」（東京都教育委員会）
警視庁警備部災害対策課X　https://twitter.com/MPD_bousai
警視庁「地震のときはこうしよう」https://www.keishicho.metro.tokyo.lg.jp/kurashi/saigai/jishin/index.html
消防庁「防災マニュアル」https://www.fdma.go.jp/relocation/bousai_manual/index.html
「プロの防災ヒント180　警視庁災害対策課ツイッター」（日本経済新聞出版）
他、国土交通省、内閣府、気象庁、NHKなどのウェブサイトを参照させていただきました。

取材協力

国崎信江（くにざき のぶえ）
危機管理アドバイザー。危機管理教育研究所 代表。
20年以上にわたり第一線で防災・防犯・事故防止対
策を提唱している。行政、企業、マンションなどのリス
クマネジメントコンサルティングを行い、省庁の検討・審
査委員や自治体の防災アドバイザーなどを務めている。
NHKラジオでは10年間マイあさラジオ「暮らしの危機
管理」のコーナーで情報提供するほか、多くのメディ
アで被災地の支援活動時の経験や防災防犯普及啓発
を発信している。防災・防犯の執筆・監修図書多数。
https://www.kunizakinobue.com/

東京臨海広域防災公園 そなエリア東京
警視庁警備部災害対策課

Staff

構成・文	麻宮しま
ブックデザイン	岩瀬恭子（フレーズ）
イラスト	今井久恵
校正	福島啓子
編集	宇美涼花

こんな時どうする？
子ども防災BOOK

編集人	青木英衣子
発行人	殿塚郁夫
発行所	株式会社主婦と生活社
	〒104-8357 東京都中央区京橋3-5-7
編集部	☎03-3563-5211
販売部	☎03-3563-5121
生産部	☎03-3563-5125
	https://www.shufu.co.jp
製版所	東京カラーフォト・プロセス株式会社
印刷所	図書印刷株式会社
製本所	図書印刷株式会社

（　　　　　　　）の防災メモ

名前（	）
住所	

電話番号	
けい帯電話番号	
メール	

生年月日	
	血液型　　　　　　性別

アレルギー　あり・なし（　　　　　　　）

持病・飲んでいる薬　あり・なし

その他

きん急連らく先

連らく先	
氏名	関係

連らく先	
氏名	関係

連らく先	
氏名	関係

Memo